Thomas Pospech

GML - Geography Markup Language

GRIN Verlag

Bibliografische Information der Deutschen Nationalbibliothek:

Die Deutsche Bibliothek verzeichnet diese Publikation in der Deutschen National-
bibliografie; detaillierte bibliografische Daten sind im Internet über http://dnb.d-
nb.de/ abrufbar.

Impressum:

Copyright © 2008 GRIN Verlag GmbH
Druck und Bindung: Books on Demand GmbH, Norderstedt Germany
ISBN: 978-3-640-30577-3

Dieses Buch bei GRIN:

http://www.grin.com/de/e-book/121498/gml-geography-markup-language

GRIN - Your knowledge has value

Der GRIN Verlag publiziert seit 1998 wissenschaftliche Arbeiten von Studenten, Hochschullehrern und anderen Akademikern als eBook und gedrucktes Buch. Die Verlagswebsite www.grin.com ist die ideale Plattform zur Veröffentlichung von Hausarbeiten, Abschlussarbeiten, wissenschaftlichen Aufsätzen, Dissertationen und Fachbüchern.

Besuchen Sie uns im Internet:

http://www.grin.com/

http://www.facebook.com/grincom

http://www.twitter.com/grin_com

GML - Geography Markup Language

Zusammenfassung: Bei GML handelt es sich um ein Meta-Format zur Spezifikation von Austauschformaten für Geodaten. Die GML-Spezifikation gibt durch abstrakte Elemente und Typen den Modellierungsrahmen vor, in diesem ist bereits eine große Auswahl direkt verwendbarer Geometrie- und Topologieelemente enthalten. Das konkrete Austauschformat ergibt sich erst durch Definition anwendungsspezifischer Typen und Elemente. Die GML-Spezifikation zeichnet sich durch eine hohe Flexibilität als auch eine hohe Komplexität bei der Beschreibung aus.

Thomas Pospech

Abbildungsverzeichnis

1. Die Entwicklung von GML zur ISO-Norm

1.1. Einleitung

Die eXtensible Markup Language (XML) ist eine Auszeichnungssprache, die es als Metasprache erlaubt, weitere Sprachen zu definieren. Eine davon ist die Geography Markup Language, kurz GML. Nicht zuletzt durch die rasante Verbreitung von Navigationsgeräten, aber auch durch beliebte 3D-Atlas Software, wie beispielsweise Google Earth, haben Sprachen, die es ermöglichen geografische Objekte zu erfassen, große Verbreitung in der Geoinformatik gefunden. GML wurde für die Beschreibung, den Austausch und die Speicherung von Geodaten konzipiert. Als Geodaten werden Daten bezeichnet, für die eine Position relativ zu einem Bezugspunkt (z.B. zur Erde) angegeben werden kann. Die Daten werden, wie in XML, hierarchisch geschachtelt. Auf Grund dieser Strukturierung hat der Anwender den Vorteil, dass sich die Daten leichter interpretieren lassen. Da die kodierten Daten textbasiert vorliegen, kann der Nutzer die Daten direkt mit jedem beliebigem Editor öffnen und betrachten. Die Struktur der Daten wird über die bereits aus XML bekannten Schemen definiert, auf die im Laufe dieser Arbeit noch genauer eingegangen wird. Spezifiziert wurde GML durch das Open Geospatial Consortium (OGC), welches im folgenden Abschnitt näher vorgestellt wird.

1.2. OGC - das Spezifikationsgremium der GML

Das Open Geospatial Consortium, welches 1994 gegründet wurde, ist ein internationales Standardisierungsgremium, bestehend aus derzeit insgesamt 346 Unternehmen, Regierungsbehörden und Universitäten (Stand: Dez. 2007). Es entwirft Schnittstellen-Spezifikationen für Geodaten und ortsbezogene Dienste, welche im Gegensatz zu ISO-Normen öffentlich frei verfügbar herausgegeben werden. GML zählt neben dem Web Map Service und dem Web Feature Service zu den bekanntesten Standards dieses Gremiums. Der Web Map Service ist eine Schnittstelle um anhand spezifischer Parameter Landschaftskarten zu generieren. Der Web Feature Service regelt den internetgestützten Zugriff auf Geodaten innerhalb eines verteilten Geoinformationssystems. Das OGC ist eine Non-profit Organisation deren Mitgliedschaft jedoch kostenpflichtig ist. Zu den bekanntesten Mitgliedern zählen *Oracle*,

Google, die *NASA* und seit Ende Oktober 2007 auch *Microsoft* [OGC01]. Seit 1998 besteht eine offizielle Zusammenarbeit mit dem ISO/TC 211 Gremium. Dies ist der Bereich der ISO, welcher für die Normung digitaler geografischer Informationen zuständig ist [IsoTc211].

1.3. Versionen und Erweiterungen

GML 1.0, die erste Version der Spezifikation von GML, wurde im Mai 2000 veröffentlicht. Damals wurde die Struktur der Geodaten noch über die Dokumenttypdefinition (DTD) beschrieben. DTD kann als Satz von Regeln verstanden werden um den Aufbau bzw. die erlaubten Werte einzelner Elemente festzulegen. Darüber hinaus waren in der ersten Version lediglich „einfache Features" definiert. Als Features werden in GML, Geoobjekte mit spezifischen Eigenschaften bezeichnet. Auf Features wird in Kapitel 2.2. noch genauer eingegangen. Mit Erreichen der GML 2.0 Spezifikation im darauf folgenden Jahr, wurde schließlich die Dokumententypdefinition durch die wesentlich mächtigeren XML-Schemas abgelöst. Diese bieten nun die Möglichkeit, einzelne Elemente auf bestimmte Attribute wie Texte oder Zahlen einzuschränken, außerdem wurden die Namensräume eingeführt. In den nächsten Versionen 2.1.1 und 2.1.2 wurden lediglich Fehlerkorrekturen durchgeführt. Eine Erweiterung um komplexe Geometrien, Topologien und die Zeit fand im Januar 2003 mit der Spezifikation 3.0 statt. Im darauf folgenden Jahr wurde die Version 3.1.1 bei der ISO TC 211 zur Abstimmung vorgelegt, um diese als ISO-Norm zu verabschieden. Nach weiteren drei Jahren wurde schließlich die aktuelle Version 3.2.1 zur ISO-Norm 19136 ernannt. Die Spezifikation von GML 2.0 umfasste damals 68 Seiten, die aktuelle Version 3.2.1 bringt es mittlerweile auf beachtliche 437 Seiten. Die nachfolgende Abbildung 1 soll die Entwicklungsstufen von GML bis zur ISO-Norm aufzeigen [OGC01].

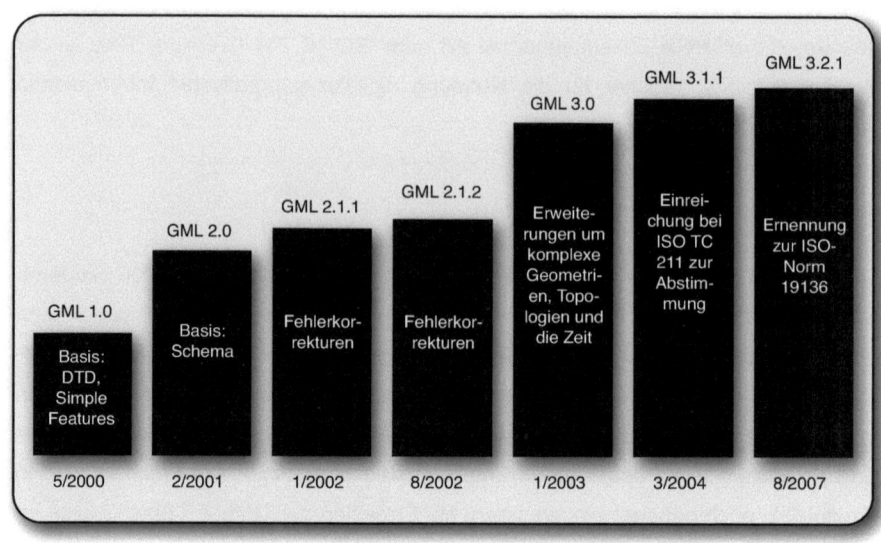

Abbildung 1: Die Entwicklung von GML zur ISO-Norm

2. Anwendungsmodellierung in GML

2.1. Allgemeine Schemendefinition

Um die Anwendungsmodellierung mit GML zu verstehen, ist es wesentlich, die bereits aus XML bekannte Schemendefinition zu verstehen. Deshalb wird an dieser Stelle auf die XML-Schemendefinition genauer eingegangen. Ein XML-Schema-Dokument beschreibt ein XML-Instanzen-Dokument. Dies bedeutet, dass das Schema die Datenelemente definiert, die in einer Dokumenteninstanz vorkommen dürfen. Grundlegende Elemente und Datentypen die für die Modellierung von Geoobjekten mit GML notwendig sind, werden bereits durch das OGC in 29 GML-Basisschemen definiert und zur Verfügung gestellt [OGC02]. Diese können über das *<import schemaLocation=".."*>-Tag in das jeweilige Anwendungsschema importiert werden. Für eine konkrete Anwendung werden die benötigten Basis-Schemen eingebunden und davon ein anwendungsspezifisches Schema abgeleitet, welches durch zusätzliche, für das jeweilige Fachgebiet relevante, Inhalte und Zusammenhänge ergänzt wird. Eigene Schemen können zum einen aus UML-Diagrammen mit Hilfe spezieller

IT-Werkzeuge abgeleitet werden oder alternativ mit Hilfe von XML-Editoren direkt als GML-Schema kodiert werden.

Abbildung 2 zeigt einen Ausschnitt eines XML-Schemas für eine Bestellung. Die erste Zeile liefert Angaben zur verwendeten XML-Version. Weiterhin wird ein Namensraum *xsd* deklariert. Das Element mit dem Namen Bestellung ist vom eigens definierten Typ *BestellungType*, welches wiederum aus einer Folge von vier weiteren Elementen (liefernAn, rechnungAn, anmerkung und waren) besteht. Das Element *Bestellung* hat noch ein Attribut *bestellDatum* vom einfachen Datentyp *date*. Der Typ *Adresse* besteht aus den drei string-Elementen *name, strasse, stadt* und dem vierten Element *plz* vom Typ *decimal*.

```xml
<?xml version="1.0" encoding="UTF-8"?>
<schema xmlns:xsd="http://www.w3.org/2002/XMLSchema">
<element name="Bestellung" type="BestellungType"/>
<complexType name="BestellungType">
    <sequence>
        <element name="liefernAn" type="Adresse"/>
        <element name="rechnungAn" type="Adresse"/>
        <element name="anmerkung" minOccurs="0"/>
        <element name="waren" type="Waren"/>
    </sequence>
    <attribute name="bestellDatum" type="xsd:date"/>
</complexType>
<complexType name="Adresse">
    <sequence>
        <element name="name" type="xsd:string"/>
        <element name="strasse" type="xsd:string"/>
        <element name="stadt" type="xsd:string"/>
        <element name="plz" type="xsd:decimal"/>
    </sequence>
</complexType>
</schema>
```

Abbildung 2: Einfaches Beispiel eines XML-Schemas

Da es in XML bei der Wahl der Elementnamen keine Einschränkungen gibt, ist die mehrfache Nutzung identischer Elementnamen nicht ausgeschlossen. Hier bieten die XML-Namensräume eine Möglichkeit Element- und Attributnamen in XML-Dokumenten eindeutig zu benennen. Die Element- und Attributnamen werden mit eindeutigen Namensräumen verknüpft, die über URI-Verweise identifiziert werden. Durch die Angabe und Nutzung von Kürzeln für die Namensräume können Elemente aus verschiedenen Schemen gemeinsam benutzt werden.

Die Abbildung 3 zeigt zum XML-Schema aus Abbildung 2 einen Ausschnitt einer möglichen zugehörigen XML-Instanz. Das Bestellung-Tag ist das Wurzelelement, dieses darf nur einmal im gesamten Dokument vorkommen. Als Attribut hat es das *bestellDatum*. In diesem Beispiel wird nur das *liefernAn*-Element, welches vom Typ *Adresse* ist, mit Daten gefüllt. Der Typ *Adresse* besteht, wie in Abbildung 2 definiert, aus den Elementen *name*, *strasse*, *stadt* und *plz* [Erlen03].

```xml
<?xml version="1.0" encoding="UTF-8"?>
<Bestellung bestellDatum="2007-12-21">
<liefernAn>
    <name>Max Musterstudent</name>
    <strasse>Kesslerplatz 12</strasse>
    <stadt>Nürnberg</stadt>
    <plz>90489</plz>
</liefernAn>
...
</Bestellung>
```

Abbildung 3: Ausschnitt einer möglichen zugehörigen XML-Instanz

2.2. GML-Schema

Das GML-Schema ist ein Meta-Format zur Spezifikation von Austauschformaten für Geoinformationen. Die Spezifikation gibt durch die abstrakten Elemente und Typen den Modellierungsrahmen vor. Aufgrund der objektorientierten Modellierungsmöglichkeit ergeben sich die Vorteile der Vererbung. Die Spezifikation bietet bereits eine große Auswahl an direkt verwendbaren Geometrie- und Topologieelementen. Das konkrete Austauschformat ergibt sich aber erst durch die Definition anwendungsspezifischer Typen und Elemente. Diese werden von den abstrakten GML-Typen bzw. -Elementen abgeleitet und nach Bedarf entweder erweitert oder eingeschränkt. Somit haben verschiedene Anwendungen jeweils eigene und damit unterschiedliche Anwendungsschemata. Jedes Anwendungsmodell definiert seine konkreten und anwendungsspezifischen GML-Typen und -Elemente. Beispielsweise hat ein Anwendungsmodell für Verkehr und Transport andere Anforderungen und Eigenschaften als ein Anwendungsmodell aus der Telekommunikationssparte. Im Folgenden werden die für ein GML-Grundverständnis erforderlichen abstrakten GML-Oberklassen erläutert.

2.2.1. Wesentliche abstrakte Oberklassen von GML

Als *Feature* wird die zentrale abstrakte Oberklasse bezeichnet, davon abgeleitete Klassen beschreiben Realweltobjekte mit ihren geometrischen und nichtgeometrischen Eigenschaften. Features dürfen beliebig viele geometrische und nichtgeometrische Eigenschaften besitzen. Da es sich um ein geografisches Feature handelt, ist dieses immer mit einer Position relativ zu einem Bezugspunkt (z.B. der Erde) anzugeben. Ein Feature wäre beispielsweise eine Straße, ein Gebäude, ein Fluss oder etwa eine Stadt. Die Eigenschaften eines Features werden als *Properties* bezeichnet. Diese werden immer in raumbezogene und nicht-raumbezogene Eigenschaften differenziert. Raumbezogene Eigenschaften werden durch Geometrie- oder Topologie-Objekte modelliert. Nichtgeometrische Eigenschaften von Features können auf zwei Arten modelliert werden, zum einen durch Attribute mit Standarddatentypen wie z.B. String oder Integer, zum anderen über eine Assoziation von Features zu anderen Klassen. Eine Straße bspw. hat als geometrische Eigenschaften die Lage und die Beschreibung des Straßenverlaufs. Als nichtgeometrische Eigenschaft wäre der Straßenname zu nennen.

Geometry ist die abstrakte Oberklasse aller Geometrie-Objekte. In dieser Klasse sind bereits eine Vielzahl an einfachen, aber auch komplexen Geometrien definiert. Diese reichen vom einfachen Punkt, den Geraden, Polygonen, Volumen, zusammengesetzten Geometrien bis hin zu komplexen Interpolationsmethoden um z.B. Straßenverläufe realistisch darstellen zu können. Geometrische Eigenschaften von Features werden durch die Assoziation *geometryProperty* zu Geometrie-Objekten modelliert.

Eine zusammengehörige Sammlung von Features wird als *FeatureCollection* bezeichnet, z.B. alle Straßen einer Stadt, alle Flüsse eines Landes oder ein bestimmtes Stadtmodell. So ist eine digitale Spiegelung der realen Welt als eine Menge zusammengehöriger Features, der abstrakten Klasse FeatureCollection zu sehen. Darüber hinaus bietet GML die Möglichkeit feldbasierte Raummodelle so genannte *Covera-*

ges, wie rasterbasierte digitale Geländemodelle oder Landkarten, darzustellen. Beobachtungen und Messwerte können durch Ableitung von der abstrakten Oberklasse *Observations* festgehalten werden [Küpp05]. Im weiteren Verlauf soll ein Beispiel für ein einfaches GML-Modell gezeigt werden.

Bei dieser GML-Modellierung werden von der eben beschriebenen abstrakten Feature-Klasse zwei konkrete Klassen *Stadt* und *Strasse* abgeleitet. Ein Feature kann mehrere geometryProperties haben. Die Klasse Stadt kann aus mehreren Straßen bestehen und eine Straße wiederum aus mehreren *LineStrings*. Die Klasse LineString eignet sich zum Beschreiben von Straßen und Wegen. Eine genauere Definition dieser Klasse wird im übernächsten Abschnitt „Eine Auswahl wichtiger geometrischer Elemente" gegeben. Abbildung 4 zeigt dieses einfache GML-Modell.

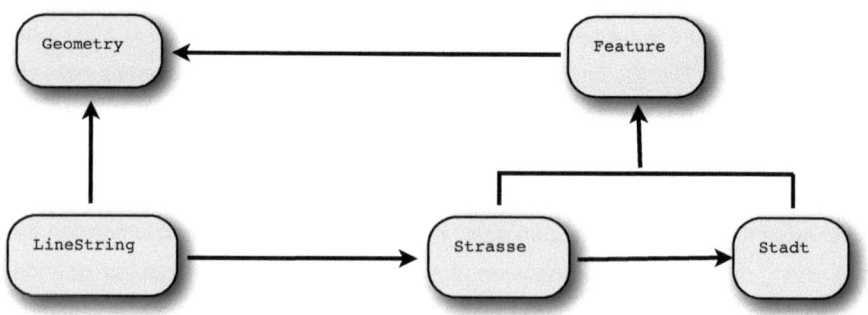

Abbildung 4: Ein einfaches GML-Modell

2.2.2. Koordinaten-Referenz-Systeme

Im weiteren Schritt muss zu den Geometriedaten natürlich das räumliche Bezugssystem (*Coordinate Reference System*, kurz CRS) benannt werden, in dem die Koordinaten vorliegen. Bei zusammengesetzten Geometrien ist es ausreichend, wenn das Bezugssystem bei der Angabe des umschließenden Rechtecks, der so genannten *Bounding Box* bzw. *Envelope-Element* benannt ist. Die Benennung basiert unter anderem auf der Klassifikation geodätischer Bezugssysteme der *European Petrol Survey Group* (EPSG). In GML werden Bezugssysteme durch die Angabe einer URI-Adresse verwendet, diese kann in beliebigen Geometrie-Elementen als Attribut angegeben werden. Abbildung 5 stellt ein Beispiel für den Bezug auf ein Koordinaten-Referenz-System dar. Die Angabe der Nummer 4326 als Attribut entspricht dem WGS84-Referenzellipsoiden als Bezugssystem [EPSG].

```
<Polygon srsName="http://www.opengis.net/gml/srs/epsg.xml#4326">
```

Abbildung 5: Beispiel eines Bezugs auf ein Koordinaten-Referenz-System

2.2.3. Eine Auswahl wichtiger geometrischer Elemente

In diesem Abschnitt werden drei wichtige geometrische Elemente beschrieben, die für nahezu alle Anwendungsschemen von Bedeutung sind. Das Envelope-Element wird zur Modellierung räumlicher Ausdehnung verwendet. Es besteht aus jeweils zwei Koordinatentupeln, welche die diagonal gegenüber liegenden Eckpunkte, links unten und rechts oben, beschreiben. Abbildung 6 stellt ein rechteckiges Geoobjekt dar mit zugehöriger GML-Instanz. Im Envelope-Element wird als Attribut das Bezugssystem mit angegeben, hier der WGS84-Referenzellipsoid. Der erste Wert des Koordinatentupels ist die vertikale Koordinate, der zweite repräsentiert die Horizontale.

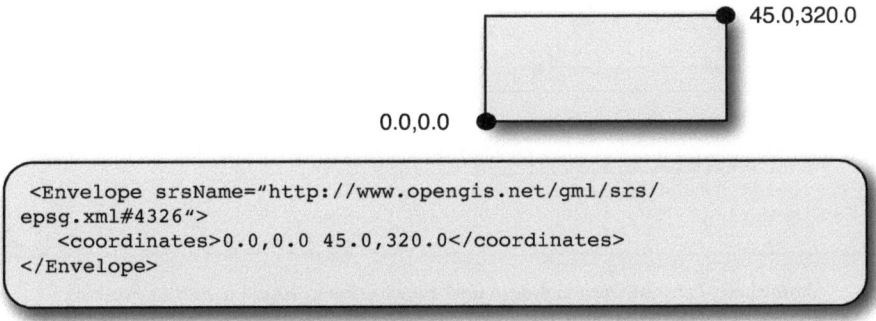

```
<Envelope srsName="http://www.opengis.net/gml/srs/
epsg.xml#4326">
   <coordinates>0.0,0.0 45.0,320.0</coordinates>
</Envelope>
```

Abbildung 6: Das Envelope-Element mit zugehöriger Instanz

Soll eine Straße oder ein Weg modelliert werden, eignet sich hierfür das *LineString-Element*. Ein LineString ist eine Folge von Punkten, welche durch gerade Liniensegmente verbunden sind. Abbildung 7 zeigt einen Wegverlauf mit einer GML-Schemendefinition und einer zugehörigen gültigen GML-Instanz. Der Elementname ist Li-

11

neString vom GML-Typ *LineStringType*. Durch die Attributsangabe *substitutionGroup* kann LineString überall dort verwendet werden, wo ein *_Curve*-Objekt erwartet wird. LineStringType ist ein komplexer Type, der sich von der abstrakten Klasse *Abstract-CurveType* ableitet und zusätzlich aus mindestens 2 Elementen *gml:pos*, *gml:coord* oder *gml:pointRep* besteht.

```
<element name="LineString" type="gml:LineStringType"

substitutionGroup="gml:_Curve"/>
<complexType name="LineStringType">
  <complexContent>
    <extension base="gml:AbstractCurveType">
      <sequence>
        <choice>
          <choice minOccurs="2" maxOccurs="unbounded">
            <element ref="gml:pos"/>
            <element ref="gml:coord"/>
            <element ref="gml:pointRep"/>
          </choice>
          <element ref="gml:coordinates"/>
        </choice>
      </sequence>
    </extension>
  </complexContent>
```

```
<LineString
srsName="http://www.opengis.net/gml/srs/epsg.xml#4326">
  <coordinates>100.0,100.0 120.0,120.0 80.0,160.0
130.0,190.0</coordinates>
</LineString>
```

Abbildung 7: LineString-Schema und zugehörige gültige LineString-Instanz

Das Geometrie Element *Polygon* eignet sich hervorragend zur Modellierung von Gebäuden. Hier gilt es zu beachten: Bei einem Polygon mit *n* Ecken werden in der Dokumenteninstanz n+1 Ecken angegeben. Die n+1-te Ecke hat hierbei die gleiche Koordinate wie die Startkoordinate, hiermit wird ein geschlossenes Polygon modelliert. Abbildung 8 zeigt eine gültige Instanz eines Gebäude-Objektes mit Innenhof. Die innerhalb des *<exterior>*-Elementes befindlichen Koordinaten modellieren hierbei das Gebäude. Die Koordinaten innerhalb des <interior>-Elementes beschreiben den Innenhof. Die beiden Quadrate werden in diesem Instanzdokument jeweils von der linken unteren Ecke ausgehend, im Uhrzeigersinn beschrieben.

```
<Polygon
srsName="http://www.opengis.net/gml/srs/epsg.xml#4326">
 <exterior>
  <LinearRing gml:id="Gebäude1">
   <coordinates>
      100.0,80.0 200.0,80.0 200.0,180.0 100.0,180.0
100.0,80.0
   </coordinates>
  </LinearRing>
 </exterior>
 <interior>
  <LinearRing gml:id="Hof1">
   <coordinates>
      160.0,140.0 160.0,170.0 190.0,170.0
      190.0,140.0 160.0,140.0
   </coordinates>
  </LinearRing>
 </interior>
</Polygon>
```

Abbildung 8: Instanz eines Gebäudes mit Innenhof

3. Modellierung eines einfachen 2D-Stadtmodells

Im nachfolgenden Szenario soll an einem einfachen Beispiel gezeigt werden, wie ein GML-Modell, ein zugehöriges GML-Schema sowie eine gültige GML-Instanz bei einem Katasteramt aussehen könnten. Um das Stadtmodell übersichtlich zu halten, wird der Katasterauszug auf lediglich zwei Realweltobjekte beschränkt. Es wird die Wöhrder Wiese modelliert, die über ein fünfeckiges Polygon abgebildet wird. Zusätzlich verläuft quer durch die Wöhrder Wiese eine Straße, in diesem Szenario die Wöhrder Wiesenstraße. Abbildung 9 stellt das Szenario grafisch dar.

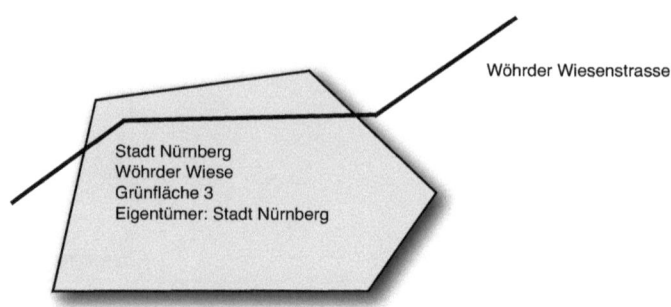

Abbildung 9: Modell der Wöhrder Wiese mit Wöhrder Wiesenstraße

3.1. GML-Modellierung für das Stadtmodell

Das erste Feature ist die *Gruenflaeche*, welches sämtliche Grünflächen in diesem Anwendungsschema beschreiben soll, und somit sämtliche geometrische und nicht-geometrische Eigenschaften, die eine Grünfläche haben kann, definieren muss. Als zweites Feature wird die Strasse gewählt, dieses steht repräsentativ für alle Straßen der Anwendung. Da die beiden Features geografisch zusammengehören, wird von der abstrakten Klasse *FeatureCollection* die Klasse *Stadtmodell* abgeleitet, welche die Features *Gruenflaeche* und *Strasse* geografisch zusammenfasst. Das Stadtmodell kann so aus mehreren Grünflächen und Straßen bestehen. Eine Grünfläche wird durch ein Polygon repräsentiert. Die Klasse *LineString* wird für die Beschreibung der Straße verwendet. *LineString* und *Polygon* leiten sich aus der *Geometry*-Klasse ab. Abbildung 10 stellt nachfolgend das einfache Stadtmodell als GML-Modell dar. Die Klassen *FeatureCollection*, *Feature* und *Geometry* sind abstrakte Klassen. Bei den Klassen *Stadtmodell*, *Strasse*, *Gruenflaeche*, *LineString* und *Polygon* handelt es sich um die konkreten Klassen.

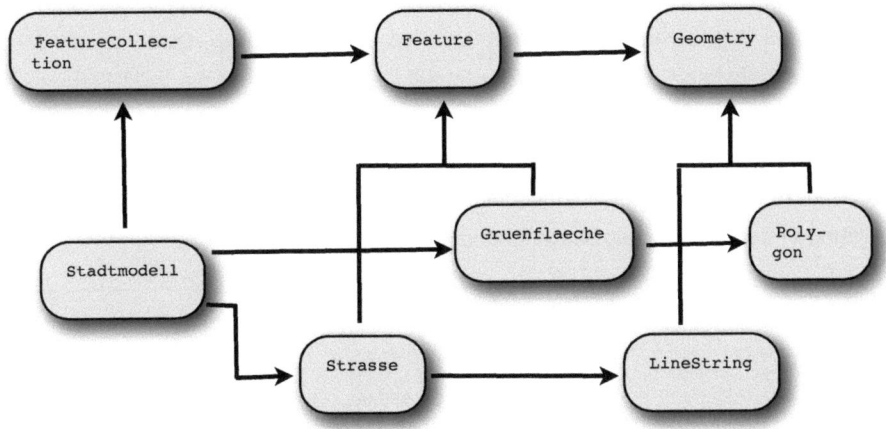

Abbildung 10: GML-Modell mit abstrakten und konkreten Klassen

3.2. Anwendungsschema für das Stadtmodell

Steht das Modell, kann nun für das 2D-Stadtmodell das Anwendungsschema definiert werden. Im Kopf der Schema-Datei werden alle referenzierten Namensräumen deklariert, welche für das Schema benötigt werden. Außerdem werden die verwendeten Schemadefinitionen importiert. Das erste Element in der GML-Schema-Datei definiert das Wurzelelement für die GML-Instanzdokumente. Es wird das Element Stadtmodell deklariert, dieses kann überall dort verwendet werden, wo GML ein Feature erwartet. *StadtmodellType* gehört zum Namensraum *nbg*. Der komplexe Typ ist *StadtmodellType* als Unterklasse der abstrakten GML-Klasse *AbstractFeatureCollectionType*.

Das zweite Element ist das erste Feature *Gruenflaeche*. Der dazugehörige Namensraum ist wieder *nbg*. Der komplexe Typ ist *GruenflaecheType* und Unterklasse der abstrakten GML-Klasse *AbstractFeatureType*. *Gruenflaeche* kann verwendet werden, wo ein *gml:_Feature* erwartet wird. Zusätzlich wird der komplexe Typ *GruenflaecheType* um vier weitere Elemente erweitert. Drei davon *Stadt*, *Bezeichnung* und *Eigentuemer* sind vom einfachen Typ *string*. Das vierte Element, die Repräsentation der Ausdehnung, wird hier über die vordefinierte GML-Geometrie-Eigenschaft beschrieben.

Die Strasse als zweites Feature hat abermals als Namensraum *nbg* und kann analog als Feature-Objekt verwendet werden. Der Typ ist *StrasseType*, dieser ist von der abstrakten *AbstractFeatureType*-Klasse abgeleitet und wird um die zwei Elemente *strname* und *curveProperty* erweitert. Die GML-Geometrie-Eigenschaft *gml:curveProperty* repräsentiert hier den Straßenverlauf. Für dieses relativ einfache Beispiel wäre diese GML-Schemendefinition ausreichend und somit vollständig. Abbildung 11 zeigt die soeben beschriebene GML-Schemendefinition.

```xml
<?xml version="1.0" encoding="UTF-8"?>
<schema targetNamespace="http://www.nuernberg.de/kataster"
        xmlns="http://www.w3.org/2002/XMLSchema"
        xmlns:gml="http://www.opengis.net/gml"
        xmlns:xlink="http://www.w3.org/1999/xlink"
        xmlns:nbg="http://www.nuernberg.de/kataster">
  <import namespace="http://www.opengis.net/gml"
schemaLocation="feature.xsd"/>
  <element name="Stadtmodell" type="nbg:StadtmodellType"
substitutionGroup="gml:_FeatureCollection"/>
  <complexType name="StadtmodellType">
    <complexContent>
      <extension base="gml:AbstractFeatureCollectionType"/>
    </complexContent>
  </complexType>
  <element name="Gruenflaeche" type="nbg:GruenflaecheType"
substitutionGroup="gml:_Feature"/>
  <complexType name="GruenflaecheType">
    <complexContent>
      <extension base="gml:AbstractFeatureType">
        <sequence>
          <element name="Stadt" type="string"/>
          <element name="Bezeichnung" type="string"/>
          <element name="Eigentuemer" type="string"/>
          <element ref="gml:surfaceProperty"/>
        </sequence>
      </extension>
    </complexContent>
  </complexType>
  <element name="Strasse" type="nbg:StrasseType"
substitutionGroup="gml:_Feature"/>
  <complexType name="StrasseType">
    <complexContent>
      <extension base="gml:AbstractFeatureType">
        <sequence>
          <element name="strname" type="string"/>
          <element ref="gml:curveProperty"/>
        </sequence>
      </extension>
    </complexContent>
  </complexType>
</schema>
```

Abbildung 11: GML-Schemendefinition für das 2D-Stadtmodell

16

3.3. Instanzdokument für das Stadtmodell

Das Element *Stadtmodell* darf als Wurzelelement nur einmal in der Dokumenten-instanz vorkommen. Die GML-Elemente werden durch Angabe des Namensraumes *gml:* eingeleitet. Das durch die *boundedBy*-Eigenschaft definierte *Envelope*-Element umschließt alle Geodaten dieser Datei. Als räumliches Bezugssystem wird hier der WGS84-Referenzellipsiod gewählt.

Das Envelope-Element ist, wie in Kapitel 2.2 bereits beschrieben, durch die beiden Rechteck-Koordinatentupel definiert. Das *featureMember*-Element ist ein *ArrayProperty* der *FeatureCollection*-Klasse und enthält alle zur konkreten *FeatureCollection* gehörigen Features. Hier sind *Gruenflaeche* und *Strasse featureMembers* vom Stadtmodell. Innerhalb des *Gruenflaeche*-Elementes stehen die Werte der einzelnen *string*-Elemente. Das *surfaceProperty*-Element beschreibt die Eckpunkte des Polygons. Das zweite *featureMember* Strasse enthält den Straßennamen und die Koordinaten des *LineStrings* als *curveProperty* der Geometry-Klasse. Abbildung 12 stellt die vollständige Dokumenteninstanz dar.

```xml
<?xml version="1.0" encoding="ISO-8859-1"?>
<Stadtmodell xmlns="http://www.nuernberg.de/kataster"
             xmlns:gml="http://www.opengis.net/gml"
             xmlns:xlink="http://www.w3.org/1998/xlink"

xmlns:xsi="http://www.w3.org/2002/XMLSchema-instance">
  <gml:name>Kataster der Stadt Nuernberg</gml:name>
  <gml:boundedBy>
    <gml:Envelope
srsName="http://www.opengis.net/gml/srs/epsg.xml#4326">
      <gml:coordinates> 8250.0,3050.0
8400.7,3103.6</gml:coordinates>
    </gml:Envelope>
  </gml:boundedBy>
  <gml:featureMember>
    <Gruenflaeche>
      <gml:name>Gruenflaeche 3</gml:name>
      <Stadt>Nuernberg</Stadt>
      <Bezeichnung>Woehrder Wiese</Bezeichnung>
      <Eigentuemer>Stadt Nuernberg</Eigentuemer>
      <gml:surfaceProperty>
        <gml:Polygon
srsName="http://www.opengis.net/gml/srs/epsg.xml#4326">
          <gml:exterior>
            <gml:Ring> <gml:curveMember>
              <gml:LineString>
                <gml:coordinates>8250.0,3050.0 8316.8,3056.2
8322.2,3075.5 8318.8,3091.0 8263.7,3093.6 8250.0,3050.0
                </gml:coordinates>
              </gml:LineString>
            </gml:curveMember> </gml:Ring>
          </gml:exterior>
        </gml:Polygon>
      </gml:surfaceProperty >
    </Gruenflaeche>
  </gml:featureMember>
  <gml:featureMember>
    <Strasse>
      <strname>Woehrder Wiesenstrasse</strname>
      <gml:curveProperty>
        <gml:LineString
srsName="http://www.opengis.net/gml/srs/epsg.xml#4326">
          <gml:coordinates>
            8260.0,3083.0   8286.4,3070.1 8305.5,3060.7
          </gml:coordinates>
        </gml:LineString>
      </gml:curveProperty >
    </Strasse>
  </gml:featureMember>
</Stadtmodell>
```

Abbildung 12: GML-Instanzdokument für das 2D-Stadtmodell

Dieses Beispiel soll den Aufbau und den Inhalt von GML-Dateien verdeutlichen und ist daher bewusst einfach gehalten, um die Verständlichkeit zu wahren. Jedoch lassen sich in GML durchaus auch sehr komplexe Beschreibungen zahlreicher zusammenhängender Objekte formulieren, wie sie zumeist auch zur Darstellung der reellen Gegebenheiten benötigt werden. Man denke hier nur an Katasterdaten einer gesamten Stadt.

4. Bewertung von GML

Wie das vorhergehende Beispiel gezeigt hat, lassen sich Realweltobjekte präzise durch GML beschreiben. Die Geography Markup Language ist der umfassendste Standard zur Repräsentation von Geodaten. Dadurch ergibt sich eine hohe Flexibilität bei der Modellierung von Geoobjekten. Jedoch kann die hohe Flexibilität auch als Nachteil gesehen werden, da es bei der Modellierung zu unterschiedlichen Datenbezeichnungen und Datenmodellen führen kann. Außerdem erfordert die hohe Komplexität auch einen großen Aufwand hinsichtlich der Einarbeitung. Eine Möglichkeit die Komplexität und damit den Einarbeitungsaufwand zu verringern, ist die Bildung von Profilen. Über Profile können die in GML angebotenen Konstrukte auf die jeweils nur benötigte Teilmenge reduziert werden, welche für die Definition einer oder mehrerer konkreter Anwendungsschemen benötigt wird. Dadurch dass GML vom OGC spezifiziert wurde, welches aus zahlreichen Unternehmen und Institutionen besteht, ist GML herstellerunabhängig, plattformunabhängig und es fallen auch keine Lizenzkosten an.

Als XML-Grammatik bietet GML weiterhin den Vorzug, dass die Daten von der Struktur getrennt sind. Die Daten liegen nicht in einem Binärformat vor. Dadurch sind die Daten durch den Anwender einfach lesbar und lassen sich gut interpretieren. Ein Nachteil der textbasierten Daten ist aber, dass der Speicherbedarf rasch anwächst. Jedoch kann die Datenmenge aufgrund guter Kompressionsraten durch beispielsweise zip oder gzip auf bis zu 10 Prozent der ursprünglichen Datenmenge reduziert werden. Für die Betrachtung und Bearbeitung können einfache Texteditoren sowie gängige XML-Tools verwendet werden.

Ein weiterer Vorteil ist auch, dass die GML-Schemen durch die objektorientierte Vererbung beliebig erweiterbar sind. Durch die gemischte Verwendung unterschiedlicher räumlicher Bezugssysteme, bietet GML eine hohe Flexibilität bei der Wahl der Koordinaten. Interessant für die Geoinformatik ist auch die Möglichkeit, GML-Dokumente mittels XSL-Transformation in SVG-Dokumente zu überführen. Diese können dann grafisch dargestellt werden [Behr].

Als eine Schwäche von GML wäre schließlich noch zu erwähnen, dass verschiedene Anwendungen nur kompatibel sind, wenn diese über das gleiche Anwendungsschema verfügen.

Zusammenfassend kann also gesagt werden, dass GML mittlerweile einen beachtlichen Leistungsumfang, aber auch einen hohen Grad an Komplexität erreicht hat. Vor dem Hintergrund, dass GML im August 2007 zur ISO-Norm ernannt wurde und ortsbezogene Dienste im Geobereich immer mehr an Bedeutung gewinnen, ist es zu erwarten, dass die Verbreitung und der Einsatz von GML in nächster Zeit zunehmen werden.

Literaturverzeichnis

[Behr]   Franz-Josef Behr:
                GML-basierte Kodierung von Geodaten,
                http://www.gis-news.de/papers/gml/gml_paper_part1_3.htm
                Abruf am: 02.01.2008

[EPSG]   European Petrol Survey Group:
                http://www.epsg.org/
                Abruf am: 16.12.2007

[Erlen03]   Erlenkötter Helmut (2003):
                XML. Extensible Markup Language von Anfang an.,
                Rowohlt, Rheinbeck, Deutschland, 2003

[IsoTc211]   ISO / TC 211:
                http://www.isotc211.org/
                Abruf am: 09.12.2007

[Küpp05]   Küpper Axel (2005):
                Location-Based Services,
                Wiley, West Sussex, England, 2005, 55-59

[OGC01]   Open Geospatial Consortium:
                http://www.opengeospatial.org/
                Abruf am: 06.12.2007

[OGC02]   Open Geospatial Consortium:
                http://schemas.opengis.net/gml/
                Abruf am: 22.12.2007